Felix MENDELSSOHN

Piano Concerto No. 1

in G Minor

Opus 25

To access audio visit:
www.halleonard.com/mylibrary

Enter Code
2137-8475-3255-7683

ISBN 978-1-59615-009-6

Music Minus One

Exclusively Distributed By

Hal•Leonard®

7777 W. Bluemound Rd. P.O. Box 13819 Milwaukee, WI 53213

Visit Hal Leonard Online at
www.halleonard.com

Music Minus One

3011

Felix
MENDELSSOHN

in G Minor

Opus 25

CONTENTS

MENDELSSOHN
Piano Concerto No. 1 in G minor, Opus 25

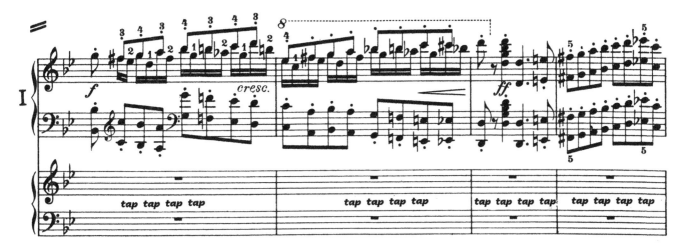

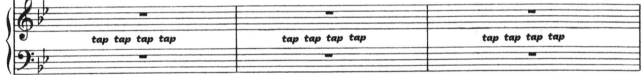

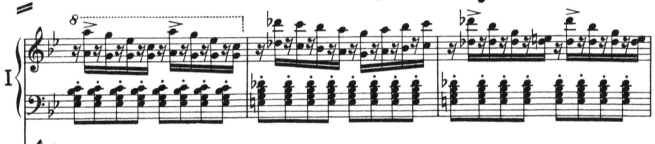

Molto allegro e vivace

tap tap tap   tap tap tap tap   tap tap tap tap   tap tap tap tap   tap tap tap tap

tap tap tap tap   tap tap tap tap   tap tap tap tap   tap tap tap tap   tap tap tap tap

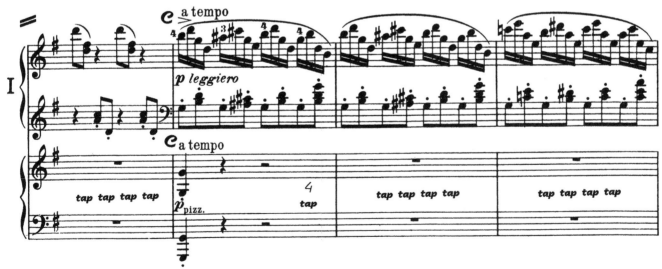

tap tap tap tap   tap tap tap tap   tap tap tap tap

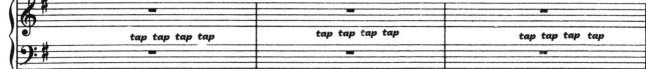

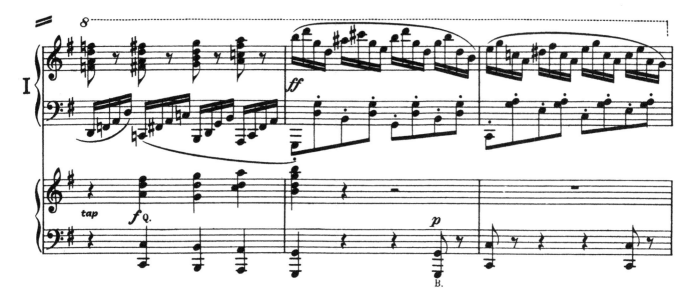

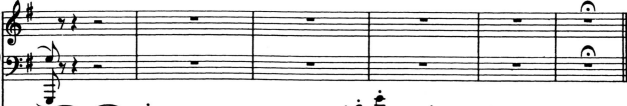